Marcia Diaz
Español 200